Einladung zum Selberlesen

Liebe Eltern,

Sie haben Ihrem Kind Bücher vorgelesen? Sehr gut.
Sie werden dies auch weiterhin tun? Um so besser.
Aber wenn Ihr Kind einmal hinter das Geheimnis der Buchstaben gekommen ist, will es auch selber lesen. Es möchte erleben, wie beim Lesen eine spannende, lustige oder traurige Geschichte in ihm entsteht. Das ist gar nicht so einfach. Es dauert lange, bis ein Kind gut und gern liest.

Was es am Anfang braucht?
Ein ganzes Buch, das zum Lesen verlockt.
Ein Buch, das es beim Lesen nicht überfordert.
Ein Buch
* mit kurzen Geschichten
* mit einer genügend großen Schrift
* mit kurzen, überschaubaren Zeilen
* in einer verständlichen Sprache
* mit Bildern, die helfen den Sinn zu erfassen.

Bücher, die diesen Anforderungen gerecht werden, fördern das Abenteuer Lesen und machen Lust aufs nächste Buch.

Prof. Dr. Manfred Wespel,
lesedidaktischer Berater des
KÄNGURU-Programms

Friederike Wilhelmi

Kleine Clownsgeschichten

Mit Bildern von Barbara Hömberg

arsEdition

Die Deutsche Bibliothek – CIP-Einheitsaufnahme

Kleine Clownsgeschichten / Friederike Wilhelmi.
Mit Bildern von Barbara Hömberg. - München : Ars-Ed., 2001
   (Känguru : Erste Geschichten zum Selberlesen)
   ISBN 3-7607-3840-0

Lesedidaktische Beratung: Prof. Dr. Manfred Wespel

Gedruckt auf umweltfreundlichem Papier ohne Chlorbleiche

© 2001 arsEdition, München
Alle Rechte vorbehalten
Ausstattung und Herstellung: arsEdition, München
Titelbild und Innenillustrationen: Barbara Hömberg
Titelvignette: Carola Holland
Einbandkonzeption: Ralph Bittner
Druck und Bindung: Westermann Druck Zwickau GmbH
Printed in Germany · ISBN 3-7607-3840-0

Inhalt

Wo ist Ronny?  8

Clownstränen  17

Die Verfolgungsjagd  23

Lottes erster Auftritt  30

Pipo hat die Nase voll  37

Wo ist Ronny?

Aufgeregt schaut
der Clown August
durch das Loch im Vorhang.
Gleich sind Ronny
und er dran.

August hat alles,
was er braucht:
seine Trompete, den Topf
und den Kochlöffel.
Nur Ronny,
der andere Clown,
fehlt noch.

Der Applaus wird leiser.
August kann
nicht länger warten.
Vielleicht ist Ronny
auch schon in der Manege.

Doch Ronny ist nicht da.
August ruft nach ihm.

Er schaut hinterm Vorhang.

Er sucht ihn im Publikum.
Aber Ronny
ist nirgends zu finden.

August wird es ganz heiß.
Sein Bauch grummelt laut.
Laut wie ein Löwe.
Die Zuschauer lachen.

„Vielleicht hört Ronny
ja die Trompete",
denkt August.
Er holt tief Luft und bläst,
aber nichts passiert.
Wie soll
aus einem Kochlöffel
auch ein Ton kommen?

Die Zuschauer
klatschen begeistert.
August wird feuerrot.
Er stolpert rückwärts –
und landet mit dem Po
genau im Topf.

Er rudert
mit Armen und Beinen.
Doch sein Po steckt fest.
Die Zuschauer
schütteln sich vor Lachen.

„Nichts wie weg",
denkt August.
Er kugelt
mit dem Po im Topf
hinter den Vorhang.

Plötzlich stößt er
gegen große, rote Schuhe.
Die gehören Ronny.
„Wo warst du denn?",
fragt August wütend.

Ronny lacht
und hilft August
aus dem Topf:
„Wieso?
Wir sind doch erst
nach der Seiltänzerin dran."

Clownstränen

Jule hat Bauchweh
vor Lachen.

Den Clown Linus
muss sie unbedingt
aus der Nähe sehen,
der ist einfach zu lustig.

In der Pause
schleicht sich Jule
hinter das Zirkuszelt.
Ihre schöne Plastikblume
nimmt sie mit.
Die ist funkelnagelneu
und Jules ganzer Stolz.

Linus sitzt
vor seinem Wohnwagen
und weint.
„Warum weinst du denn?",
fragt Jule erschrocken.

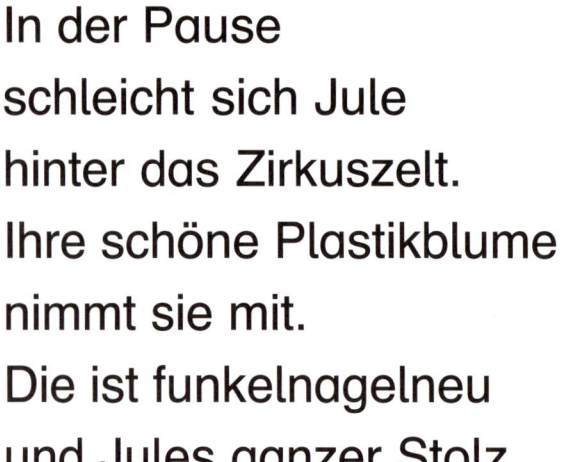

„Der dumme Elefant
hat meine schönen Blumen
kaputtgetrampelt",
schluchzt Linus.
Große Clownstränen tropfen
auf die kaputten Blumentöpfe.

„Aber du darfst nicht weinen",
sagt Jule.
„Du bist doch ein Clown.
Und Clowns
sind immer lustig."

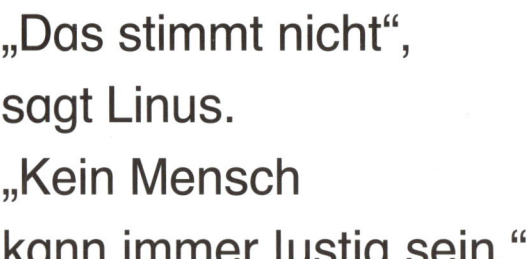

„Das stimmt nicht",
sagt Linus.
„Kein Mensch
kann immer lustig sein."

Jule runzelt die Stirn.
Die Plastikblume
funkelt schön in der Sonne.
Das ist die Idee!

„Hier", sagt sie schnell,
„ich schenke dir meine Blume.
Die ist nicht echt.
Aber sie kann quietschen.
Und wenn du hier drückst,
kommt Wasser raus."

Platsch!
Ein dicker Strahl
trifft Linus im Gesicht.

„Oh, Entschuldigung!",
ruft Jule.
„Macht nichts,
mein Gesicht war sowieso
schon ganz nass",
sagt Linus und lacht.

Die Verfolgungsjagd

Ben, der Straßenclown,
steht in der Mitte des Seils
und ruft ins Publikum:
„Meine Damen und Herren …"
Weiter kommt er nicht.

Denn da schnappt sich
ein Mann Bens Hut
mit den vielen Geldstücken.
Die hat Ben
für seine Späße
auf dem Seil bekommen.

„Haltet den Dieb!",
ruft Ben aufgeregt.
Aber niemand
kann den Dieb stoppen.

Da macht Ben schnell
seinen Gürtel los
und befestigt ihn am Seil.

Er hält sich daran fest
und springt.
Die Zuschauer schreien auf.
Bens Hose flattert zu Boden.

Ben landete
im hohen Bogen
neben seinem Einrad.
„Bleib stehen!",
schreit er und rast
dem Dieb hinterher.

Er schnappt ihn am Kragen:
„Jetzt hab ich dich!"
Aber der Kragen reißt ab
und der Dieb rennt weiter.

Ben packt ihn an der Hose.
Da fällt der Dieb hin
und seine Hose rutscht runter.
Das ganze Geld kullert
über den Gehweg.

Schnell rappelt sich
der Dieb wieder hoch.
Nun stehen beide
ohne Hosen da.

Das sieht sehr komisch aus
und Ben muss grinsen.

Der Dieb schaut verlegen,
doch dann muss
auch er lachen.

„Ich glaube,
ich habe Mist gebaut",
sagt er zu Ben.
„Das glaube ich auch",
antwortet Ben.
Dann sammeln sie gemeinsam
das Geld ein.

Lottes erster Auftritt

Lotte versteckt sich
hinter der Zauberkiste.

Gleich wird Papa
seine Pfeife vermissen.
Die braucht er
für seine Clownsnummer.

Aber er wird sie
nicht finden,
denn Lotte hat die Pfeife
in der Hand.

Das Publikum wird unruhig.
Papa auch.
Nur Lotte nicht.
Sie rennt in die Manege.

Jetzt hat sie endlich
ihren großen Auftritt.
Davon träumt Lotte
schon lange.
Und sie hat viel dafür geübt.

Aber Papa hat immer gesagt:
„Warte, bis du groß bist."
Doch Lotte will nicht warten,
sie will jetzt schon
den Clown spielen.

Heute hat Papa keine Chance.
Schon steht Lotte neben ihm
und küsst ihn
auf die Nasenspitze.
Dann zeigt sie
ihr Pfeifenkunststück.

Sie pfeift ein Lied:
erst mit dem Mund,
dann mit dem rechten Nasenloch,
dann mit dem linken Nasenloch.
Dabei tanzt sie fröhlich
um ihren Papa herum.

Den tiefsten Ton
pfeift sie mit dem Po.
Den Trick hat sie
von ihrem Opa.

Das Publikum ist begeistert.
Papa nicht.
Er schimpft mit Lotte.

Doch Lotte
ist voll in Fahrt.
Sie läuft auf ihren Händen
durch die Manege.

Dann kitzelt sie Papa
mit den Füßen am Bauch.
Papa ist furchtbar kitzelig
und sein Lachen dröhnt
durch das ganze Zirkuszelt.

Das Publikum klatscht.
Papa lacht immer noch.
Und Lotte strahlt vor Glück.

Pipo hat die Nase voll

Der Clown Pipo
hat die Nase voll.
Er will heute nicht auftreten.
Er möchte auch einmal
Zuschauer sein.

Heimlich versteckt er sich
unter einem Platz,
auf den sich
ein Junge setzt.
Der Junge heißt Tim.

Die Vorstellung beginnt,
aber Pipo sieht nur
Tims Beine.
So hat er sich
das nicht vorgestellt.

Eine Flasche rollt
unter den Sitz.
Klebrige, gelbe Limonade
fließt heraus.
Pipo wird pitschnass
– und stinksauer.

Plötzlich kommt
Tims Zeigefinger auf Pipo zu
und sein ausgelutschter Kaugummi
landet mitten auf Pipos Nase.

Tim erschrickt und
schaut unter seinen Sitz.
„Wer bist du denn?"
fragt er erstaunt.
„Ich bin Pipo",
sagt Pipo.

„Und was machst du hier?",
fragt Tim.
„Ich schaue zu",
antwortet Pipo.

„Aber du musst doch
in die Manege",
ruft Tim.
„Ich bin nur gekommen,
um dich zu sehen."

Pipo krabbelt
unter dem Sitz hervor.
„Nur um mich zu sehen?",
fragt er ungläubig.
Tim nickt.

In Pipos Bauch kribbelt es.
So etwas Schönes
hat er noch nie gehört.
Er umarmt Tim stürmisch
und rennt in die Manege.

Seine nasse Limo-Hose
schlabbert um seine Beine.
Tims Kaugummi
klebt ihm immer noch
auf der Nase.
Und Pipo ist heute
so lustig wie nie zuvor.

KÄNGURU Lesestufen-Modell

So macht Lesenlernen richtig Spaß – mit Büchern, die auf die unterschiedlichen Lernphasen zugeschnitten sind: 4 Lernschritte, 4 Buch-Reihen.

»Kinder werden dann zu begeisterten Lesern, wenn Buch und Leseentwicklung zusammenpassen.«

Prof. Dr. Manfred Wespel, lesedidaktischer Berater des KÄNGURU-Programms

»Bildergeschichten zum Lesenlernen«

2. Lesestufe ab 6 Jahre

- eine abgeschlossene Geschichte in Bildern
- lustige und abenteuerliche Handlung
- großes Format
- gut lesbare Fibelschrift

»Mit Bildern lesen lernen«

1. Lesestufe ab 5 Jahre

- kurze lustige Geschichten mit einfachem Text
- Bilder ersetzen Hauptwörter
- sehr große Fibelschrift
- fünf doppelseitige Suchbilder

»Leseabenteuer in Farbe«

4. Lesestufe ab 8 Jahre
- jeweils eine längere spannende Geschichte
- viele farbige Illustrationen
- große, leicht lesbare Fibelschrift

»Erste Geschichten zum Selberlesen«

3. Lesestufe ab 7 Jahre
- mehrere kurze Geschichten zu einem Thema
- klare Textgliederung als Lesehilfe
- große Fibelschrift
- viele farbige Illustrationen

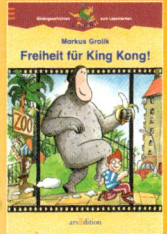
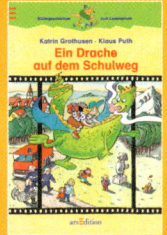

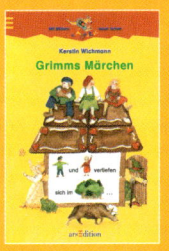